『大观南京』丛书（第一辑）

主编◎曹劲松

南京的井

邵世海　杨新华　编著

南京出版传媒集团
南京出版社

图书在版编目（CIP）数据

南京的井 / 邵世海, 杨新华编著. -- 南京 : 南京出版社, 2023.3
ISBN 978-7-5533-4127-9

Ⅰ. ①南… Ⅱ. ①邵… ②杨… Ⅲ. ①水井 – 介绍 – 南京 Ⅳ. ①K928.79

中国国家版本馆CIP数据核字（2023）第011608号

书　　名　南京的井
编　　著　邵世海　杨新华
出版发行　南京出版传媒集团
南 京 出 版 社
社址：南京市太平门街53号　　邮编：210016
网址：http://www.njcbs.cn　　电子信箱：njcbs1988@163.com
联系电话：025-83283893、83283864（营销）　025-83112257（编务）

出 版 人　项晓宁
出 品 人　卢海鸣
责任编辑　潘　珂
装帧设计　赵海玥
责任印制　杨福彬

排　　版　南京新华丰制版有限公司
印　　刷　南京凯德印刷有限公司
开　　本　787 毫米 × 1092 毫米　1/32
印　　张　3.375
字　　数　49千字
版　　次　2023年3月第 1 版
印　　次　2023年3月第 1 次印刷
书　　号　ISBN 978-7-5533-4127-9
定　　价　28.00 元

用微信或京东APP扫码购买

用淘宝APP扫码购买

目录

南京古井概述

“井”字，两横两竖，寥寥四笔，勾勒出其形状，既是生命之源，又是历史之凹。曾几何时，一眼古井，要么滋养一方百姓，要么浇灌一片土地，井栏上深深的绳痕不仅印刻了生活，也见证了历史。

南京历史悠久，水资源丰富，城内外古井星罗棋布。清代学者甘熙《白下琐言》记载：“城中人烟辐辏，食井不可胜计。”据保守估计，清代南京城内的古井就有五千口以上。到了20世纪80年代第二次文物普查期间，南京城内的古井仍有千口以上。自从20世纪30年代南京市自来水的逐渐推广使用，人们取水方式的改变，加上后来地下水质下降，大量水井被废弃。时至今日，南京市区保存的古井不到百口，仍在使用的更是寥寥无几。

有人问，既然井作为汲水工具，已经退出了历史舞台，还有什么保存价值呢？常言道，饮水思源，这些古井作为大地的源泉滋养了一代代南京人，其意义已经超越了汲水的工具，更多的是作为乡土文化的载体。它不仅触及了世代生活在这片土地上的人之内心，也触及了我们脚下这座古都的深处。因此，我们应该尽可能好的保护具有文物价值的古井，传承乡土文化。

通过调查统计，南京现存古井的分布，市区以秦淮区最多，其次为玄武区，而建邺区数量最少；郊区中以六合区古井数量最多、江宁区紧随其后，溧水区数量最少。更为难得的是六合区很多古井仍被附近居民使用。

从井的结构上看，南京的古井由井身和井栏组成，部分有井台和井亭。由于地下水位较高，汲水方式采用绠缶而非辘轳。井身内壁大多砖砌，少为石砌，考古发现一些六朝古井内壁为陶制。井底通常放置木板或石板或方砖或铜板，用于澄清水质。井栏大多为石质，形态也各式各样，较多的为圆鼓形、六角形、八角形，少部分为方形。另外，南京的古井眼数除了单眼外，还有双眼、三眼、四眼，便于多人同时汲水。

从年代来看，南京地区有几口相传和项羽有关的古井，如桥林胭脂井、浦口瓢儿井等，不过这些古井纪念和传说的可能性更大。目前公认南京地区最古老的井是位于六合区瓜埠太平禅寺内的太平寺井，为汉代砖井。

从历史来看，南京素有“六朝古都”“十朝都会”之美誉，有众多知名的历史人物，发生过许多重大的历史事件。有一些古井是纪念这些人物的，如纪念和标识东晋风流王谢家族的乌衣巷井，再如纪念一门三忠烈的卞壶父子的忠孝泉井。这些古井见证了南京的历史，记录了南京历史上的荣辱，也展现出了这座城市不屈不挠的精神。

另外，南京还有众多皇家级别的古井。这些古井选址十分考究，制作材料上成。有的规模宏大，如明故宫井，由9块井栏石拼接，井栏直径近3米；有的有精美华贵的纹饰，如神乐观醴泉井，井栏六面满雕双龙双凤；这样规格的古井也只有在南京、北京等古代都城皇家建筑群内才有配备。

最后，还有一群热爱南京文物的爱好者，他们利用业余时间对身边的古迹不间断地走访和记录，协助文物部门守护文物。在研究古井方面有两位代表人物：一位是二十多年前退休后独自自费全面调查南京古井的刘明诂老先生；一位是则从5岁开始在父母的带领下走访南京古井、迄今为止已经走访南京及周边县市500多口古井的安楠同学。正是因为有许许多多像刘老先生、安楠同学这样的文保爱好者，以及像华夏古迹图文保爱好者团队这样的文保团队不断参与，南京的文物才能得到更好的保护，古都的文化才得以更好地发扬和延续。

皇家禁苑里的井

南京素有“六朝古都”“十朝都会”之美誉。从东吴开始，有十余个政权以南京为都城，其中六朝（东吴、东晋、宋、齐、梁、陈）和明朝的影响最大。

以明代为例，南京城被城墙分割为宫城、皇城、京城和外郭区域，在宫城和皇城内建立了皇家生活、办公、祭祀等场所。这些场所大多为皇家禁苑，位于其中的古井规格很高，反映在井的大小和深度、井栏的材质和雕刻、井亭的样式规格等多方面。另外，这些井除了饮用、灌溉、清洗等实用功能之外，有的还兼具消防、风水、礼仪等作用。

六朝砖井

玄武区碑亭巷路边有一口六朝砖井，是玄武区一般不可移动文物。该井上部采用楔形青砖垒砌，井口圆形，目前由铁制圆盖覆盖保护。井外有新修石护栏，样式采用了很多六朝元素，如“人”字斗拱、莲瓣纹（图1）。

图1　六朝砖井外观

这座砖井发现于2009年，位于六朝宫城遗址范围内。当时碑亭巷进行旧房改造，文物部门在考古过程中发现了两口六朝砖井，一口破坏严重，一口保留相对完好，深6米，采用六朝常见的三顺一丁砌砖方式砌筑。这口保留相对完好的六朝砖井被发现后，本计划用“树脂包裹”的技术整体运回朝天宫南京市博物馆保存，但最终未实施，保留在原地。2017年被列为区一般不可移动文物。

2019年5月，这口古井被开发商私自从原址搬迁到后院，对文物造成了不可弥补的损害。在社会舆论的不断关注和文物部门的努力下，2022年6月，该砖井被搬迁回原来的位置并新建了护栏进行保护。文物回到原地，值得庆幸，但经历如此折腾，文物本体势必已遭到破坏。

在距离碑亭巷六朝砖井数百米之遥的南京图书馆，一楼北部区域保留了部分六朝建康都城遗址。该遗址上有夯土包砖墙、铺砖路、排水沟等设施，还有一口比较完整的古井（图2）。

这口古井内壁为砖砌，井台之上有一石灰石质外方内圆的井栏，十分完好。由于这口古井年代久远，井亭等附属设施难以保存，其原貌已很难考证。

碑亭巷六朝砖井和南京图书馆一楼六朝建康都城遗址上的砖井，都是六朝建康都城核心区域的文物实例，是研究六朝建康都城和六朝文化的重要文物。

1	3
	4
2	5

1 南京图书馆内的六朝建康都城遗址
2 遗址上的古井
3 六朝建康都城遗址文保碑
4 遗址上的夯土包砖城墙
5 遗址出土的陶井圈，现存放于南京六朝博物馆

图2　南京图书馆六朝建康都城遗址的古井

太庙井

2003年，南京航空航天大学明故宫校区进行基础建设时，在综合楼附近工地发现了一口明代的古井。由于发现地点位于明故宫太庙遗址区域，该井被称为太庙井（图3）。此井直径2.05米、深2.80米，井壁由

楔形青砖错缝砌成，壁面安装可攀爬的铁环，井底有一泉眼，方砖覆盖其上。考古工作者在井内还清理出了琉璃与铜质建筑构件，显示了这口井不一般的皇家特征。另外，在太庙井附近曾出土了不少大型石柱础。

图3　明故宫太庙井外观

明初皇宫以今天南京市光华门—御道街—北安门街一线作为皇宫的中轴线，在两侧建立了规模宏大的皇家建筑群。

太庙是皇宫建筑中一组非常重要的建筑群，专门用于祭祀皇家先祖。根据“左祖右社”的制度，明初修建皇宫时在午门的西南面修建了祭祀土地神和五谷之神的社稷坛，在午门东南面修建了祭祀先祖的太庙。

南京太庙的地面建筑在历代的战火后早已荡然无存，仅残留一些石质柱础和构件。不过，参照南京太庙建筑的北京太庙却较完整地保留下来，是研究南京太庙的重要参照。

北京太庙于永乐十八年（1420）和紫禁城、社稷

图4　北京故宫太庙牺牲所古井（刘雷拍摄）

坛同时修建。根据北京太庙现存的布局来看，太庙建筑群共有三重围墙，是由前、中、后三大殿构成的三层封闭式庭院。据记载，在北京太庙建筑中有几口水井，根据其作用可以分为礼仪、清洗、烹饪、生活、灌溉等不同的用途，而这些井里的水也被称为礼仪之水、清洗之水、烹饪之水、生活之水和灌溉之水。

如今，北京太庙里面礼仪、清洗、烹饪所用的井尚在（图4），灌溉之井近年被重新发现，而生活之井已经随着时间流逝难觅其踪。

笔者根据太庙井所在的地点，结合午门和外五龙桥遗址作为参照点，以北京太庙中的古井作为参考，推断太庙井很有可能是靠近神厨、用于取烹饪祭品之水的井。

醴泉井和碑

图5　神乐观醴泉井栏

1982年12月，文物部门在光华门外天堂村西的江苏冶金机械厂内一处施工现场发现了一口六角井栏（图5）和一通石碑（图6）。从发现的石碑碑额上有“瑞应醴泉之碑”六个篆书大字可知，这口井便是明朝神乐观中的醴泉。1983年2月，醴泉被列为雨花台区文物保护单位，但井栏和碑却被异地保存。

神乐观就是“金陵四十八景”之一“神乐仙都”所描写之地。该观是明太祖于洪武十二年（1379）敕建，地处祭祀天地山川的“大祀坛”与“山川坛”之间，其性质是“为郊庙习乐之所”，即专门为祭祀天地山川时服务的音乐舞蹈机构。明葛寅亮《金陵玄观志》记录：“食粮乐舞生二百七十名，候缺道童二百七十名。”

醴泉碑立于明永乐五年（1407），醴泉的泉水是明初到天坛祭天时所用的净水。传说“天降甘水，地出澧泉”，井水自天来。永乐四年（1406）冬季的一天，皇帝登坛祭天，诚意感动天地，第二天天空出现祥云缭绕、鸾鹤飞舞之景象。皇帝闻奏，立刻率百官驾幸朝天宫，对天叩拜。此举愈发感动上苍，当夜天降甘露于钟山，天明澧泉井出神乐观。

盛极一时的神乐观在明朝灭亡后逐渐式微，清初曾改为“真武行宫”，到了清代中叶道观逐渐废弃。

1 “瑞应醴泉之碑”全貌
2 “瑞应醴泉之碑”碑额
3 “醴泉碑”龟趺

图6 瑞应醴泉之碑全景和细节

神乐观地面建筑早已无存，但名字一直流传至今，今天还保留的地名“观门口”，其址就在原来神乐观大门口的位置。20世纪80年代发现的醴泉井和碑，是神乐观重要的遗存。因建设需要，醴泉碑被搬迁至白马石刻公园，而醴泉井栏则被收藏于南京市博物馆（朝天宫）。

醴泉碑全称“瑞应醴泉之碑”，据《钟山志》记载，该碑通高4.6米，宽1.14米，碑额有“瑞应醴泉之碑”六个篆书大字。该碑破坏较严重，龟趺座和石碑底部都有较大的残缺，除了碑额上的字迹稍微清楚之外，碑身的字迹已经完全被风雨侵蚀。所幸在明人葛寅亮《金陵梵刹志》中收录了由明右春坊右庶子胡广于永乐五年（1407）正月十五日所撰写的《奉敕撰瑞应醴泉碑》的全文，为研究神乐观和醴泉提供了翔实的第一手资料。

醴泉井井栏为六角鼓形，宽约1.2米，高约0.92米，井口直径约0.43米。侧面一共雕刻了三面双龙和三面双凤图案（图7），各不相同，每一面的双龙或双凤还有卷草纹组合的框进行修饰。井栏口沿也等分为六个框，每个框内还雕刻了一组瑞禽图案，磨灭风化较严重。

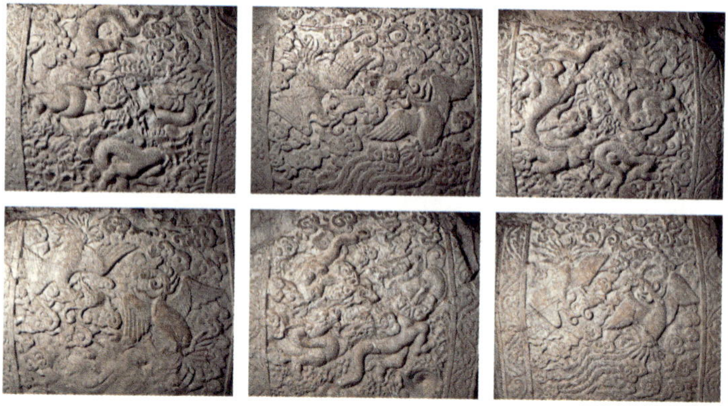

图7　醴泉井栏六面龙凤雕刻

如今，观门口的地名虽在，但1983年雨花台区政府所立的文保标识已无存。神乐观作为南京历史上重要的皇家道观，醴泉碑和六角井栏作为神乐观重要的遗存，将来能够在原地进行保存展示，不失为一种好的方式。

明故宫井

1995年在黄埔路东侧原玉河机械厂西北部兴建黄埔广场的过程中，发现了一处水井遗址，出土了井栏、井垫和一些文物。如今井栏和井垫被复原安放在南京博物院院内（图8），出土文

图8　明故宫井外观

物也藏于南京博物院。

据《南京明故宫》一书记录：该水井发现的时候残沿距离地表1.4米，深11.5米，直径约3米，井壁为青砖砌筑，底部用木板铺垫，井内填塞满淤泥。

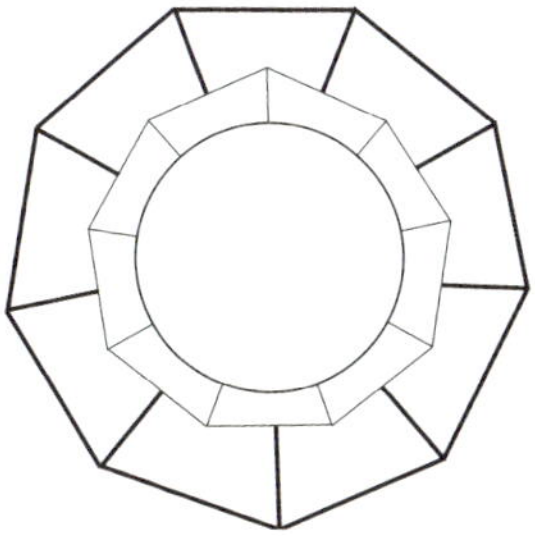

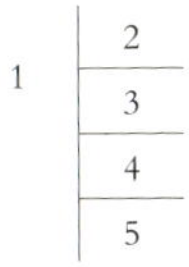

1 井平面图
2 井垫石
3 井栏内壁
4 井栏之间用复原的铁质卡子固定
5 井栏内壁被井绳磨出的绳痕

图9 明故宫井平面图和细节

井内出土的石质遗物有石井栏、石柱础、石井台和石日晷残件。井栏高90厘米，井垫厚23厘米，平面呈梯形，内壁呈弧形，上下略有推拔，呈内高外低状，便于淌水。井栏有绳索常年拉磨所致的沟槽痕迹。各井栏间的连接处有三角形凹榫槽，可嵌入铁质卡子。根据出土残件复原，井栏和井垫应为9块，复原后的井口内直径约2.7米（图9）。

井内还出土了两件非常重要的文物：一是白釉铁红书“赏赐”梅瓶，一是石日晷残件（图10）。

“赏赐”梅瓶残高34厘米，底径10.5厘米。细颈，丰肩，瘦长腹，下腹微敛，胫部外撇。有专家推测，该梅瓶是明洪武早期景德镇官窑专门为皇宫烧制的酒器。

图10　明故宫井出土的白釉铁红书“赏赐”梅瓶和日晷残件

石日晷残件，圆形，残长36厘米，厚7厘米，复原可知直径约为37厘米，中间有一直径5毫米的小孔，用于插晷针。

明故宫井所处位置位于出宫城西门西华门外，在今天黄埔大厦和钟山宾馆一带。根据西华门、西安门的位置和明代皇宫的布局来推测，该位置很可能是在内府诸库，也就是皇家的仓库范围。

这口井是否是内府诸库所用饮用兼消防的水井，而为何将梅瓶、日晷残件等扔进井中，有待于考古和历史学者们进一步考证。

另外，在西安门附近的皇城西墙范围的考古过程中也发现了一口明代的砖井。根据介绍，该井的发现位置在现在移建位置东北45度方向239米处。现在这口砖井被整体移位到511公园内进行保护和展示。

明孝陵井

明孝陵是明太祖朱元璋与马皇后的合葬墓，明洪武十四年（1381）开工兴建，至永乐十一年（1413）建成“大明孝陵神功圣德碑”，历时30余年。

在清咸丰三年（1853）清军和太平军的战争中，明孝陵地面建筑大多损毁，但建筑基址和石刻留存下

图11　明孝陵古井分布图

来。文物部门在明孝陵的考古调查中发现了4口水井，位于文武方门内外东西两侧（图11）。

文武方门外东侧水井位于文武方门向南100米再向东30米处。据《钟山志》和明孝陵景区介绍资料，该井深约18米，底部用青石板铺成，井壁以青砖错缝叠砌，井口部由6块扇形青石板铺成六边形井床。井上原建有井亭，已毁，遗有亭址。经考古勘探，亭平面呈六角形，每边长3.9米，残存6个砖砌柱础基座。

文武方门外东侧水井附近有柱础若干，根据明孝陵的建筑布局，推断这里是神宫监建筑群位置。根据

《明史·职官制》资料显示，神宫监是明朝宦官官署名，设置于洪武十年（1377），为皇宫内设置十二监之一，掌太高各庙洒扫、香灯等事。

文武方门外西侧水井位于文武方门向南40米再向西80米处。该井残深9.3米，底部用5块木板铺成，井壁用青砖错缝叠砌，井口直径0.68米，井底直径1.2米。井口上部原状已毁，发现时井上被一明代大型石柱础所覆盖。考古人员在此井附近发现一处明代建筑基址，该建筑使用绿琉璃瓦件，用途不详。

文武方门内东、西两侧水井在陵门至享殿前门之间组成的第一进院落内，对称分布，两井相距约100米。

东侧水井井亭、井栏均无存，已重建，附近还有一面阔五开间的建筑遗址。根据考古发掘出两块大方砖铺基址，基址上还留有火烧痕迹，推测原为专门负责烹饪祭祀物品的神厨。水井内壁为砖砌，井壁用青砖错缝叠砌。

文武方门内西侧水井保存最为完好，井栏为石质六边形，高0.6米，六角等边宽0.46米，井口呈外六角而内四方，四方等边宽0.5米。井床也为石砌，平面亦为六边形，其上原建有六角井亭，已毁，尚存石柱础若干（图12、图13）。

图12　文武方门内西侧水井外观

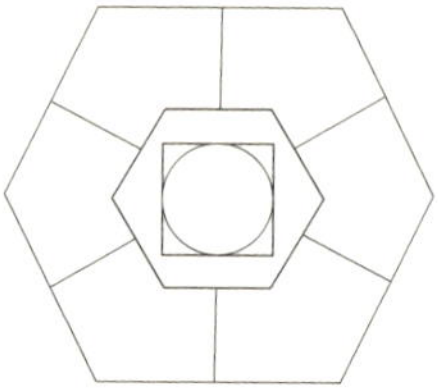

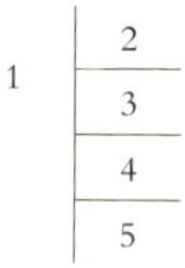

1 井平面图
2 井栏侧面
3 井栏顶部
4 井栏内壁被井绳磨出的绳痕
5 井内壁

图13　文武方门内西侧古井平面图和细节

明孝陵四座古井的井亭均在2006年7月至9月间复建，采用钢筋混凝土框架结构，外饰黄色琉璃瓦。

古三皇庙井

北极阁公园位于南京城北的鸡笼山，公园内有一处“民间石器园”，园内陈设了数十件民间石器。在这些石器中有两口规模很大的古井栏，当中还竖立了一块刻有“玄武区文物保护单位　北极阁古井”字样的文保碑（图14）。

图14　北极阁古井外观

这两口井栏大小形制一致，外侧为六边鼓形，边长约70厘米，高70厘米，外径约114厘米。井栏外侧一面刻有“十庙　古三皇庙　医药成衣仝人公立”两行字。两口井栏口沿都有深深的绳痕，一口有39道，一口有44

1 北极阁古井外观
2 深深的井绳痕
3 井栏外观
4 井栏上的铭文

图15　北极阁古井细节

道，为目前南京地区现存最多绳痕的井栏（图15）。

这两口井栏的来历，则和其所处位置有密切关系。北极阁所在地为鸡笼山，明初在鸡笼山顶建立钦天监观象台、祭祀先贤和忠烈的皇家庙宇“十庙”，以及国子监。帝王庙也称三皇庙，是“十庙”中的一座，而镌刻有“古三皇庙”的北极阁古井当为帝王庙的遗存。

“三皇”即天皇太昊伏羲、地皇炎帝神农氏，人皇黄帝轩辕氏。传说中伏羲画八卦而定四方，结网罟教民以渔猎；神农共五谷而兴农事，尝百草群药圃；轩辕造农具，定节气。“三皇”共同被尊奉为华夏人文始祖，得到了历代皇家和民间的广泛认同。今天北京历代帝王庙保留还较为完整，三皇的神位便在主殿正中。

另外，铭文中“医药成衣仝人公立”，指的是这两口井的捐建者是医药和裁缝同仁。天皇太昊伏羲尝百药，制九针，开创了中华医药研究和针灸之先河，被奉为医药行业始祖。而轩辕黄帝统一华夏部落，大力发展农作物，制造房屋，始制衣裳，被裁缝业奉为行业始祖。

这两口井目前只有井栏保存，还并非原址。据《现代快报》2009年09月14日《南京鸡鸣山古铭文揭开十庙之谜》报道：20世纪80年代，在玄武区的文物普查中，普查员在位于北极阁西南，距现在民间石器园仅数百米距离的保泰后街发现了这两口古井。据考证，发现地位置很可能是原来的三皇庙遗址。

寺观祠宇里的井

南京是历史上佛道两教兴旺繁盛之地，早在东吴时期就创立了建初寺和洞玄观两座佛道著名的庙宇。前者是中国南方第一座寺庙，江南佛教中心道场之一；后者是道教葛玄、葛洪修行炼丹之地，被誉为道教重要的创教圣地和发源地之一。如今洞玄观遗址上，还保存有一口传说是葛洪炼丹用的炼丹井。

南京也是古代先贤和忠烈辈出之地，比如东汉的蒋子文、东晋的卞壶、南宋的杨邦乂、明代的方孝孺等等。后人为了纪念他们，修建了蒋庙、卞公祠、二忠祠和方孝孺祠等祠宇。历经战火，这些祠宇大多无存。在冶山西麓有一口明永乐年间的“忠孝泉井”，就是卞公祠的遗迹。

洞玄观炼丹井

方山位于南京东南，南朝地志《丹阳记》载：“形如方印，故曰方山，亦名天印。”方山不仅外观独特，历史也十分悠久，是一座有着1800多年历史的宗教名山，葛玄、葛洪开创的洞玄观就在方山南麓。

洞玄观如今仅存遗址，在遗址北面新建的洞玄观（图16）建筑群规模十分宏伟。遗址现存房屋一间、建筑基址若干，还有炼丹井和洗药池。

图16　重建的洞玄观

炼丹井位于房屋后方，洗药池附近。井内壁为砖石砌筑，地面有一石质环形井栏，宽度约90厘米，井

图17　洞玄观遗址上的炼丹井

口宽约40厘米（图17）。传说这口炼丹井和洗药池是南朝时期葛洪炼丹洗药之用。

南京大学历史学院、南京大学文化与自然遗产研究所分别于2012年7月—11月和2013年5月—9月，对洞玄观遗址进行2次考古发掘。主要发现了六朝时期的挡土墙、唐代建筑和砖井遗迹、宋元时期石墙遗迹，以及明清时期的建筑和砖井遗迹等，出土了建筑构件、神像残件和青花瓷器残件等文物。从考古证实了洞玄观悠久的历史，也说明了南京作为道教发源地的重要地位。

鸡鸣寺古胭脂井

鸡鸣寺位于玄武区鸡笼山东麓山阜之上，是一座始建于西晋，有1700多年历史的古寺（图18）。寺所在的位置是六朝东吴时期宫廷后苑之地，西晋永康元年（300）再次倚山建寺，后废。南朝梁代梁武帝在鸡鸣埭兴建同泰寺，曾四次舍身同泰寺，并在该寺颁布《断酒肉文》，为汉传佛教素食之滥觞。

到了明代，朱元璋在寺附近建立了国子监，并下令重建寺庙，因寄希望国子监学子“闻鸡起舞”而命名为“鸡鸣寺”，沿用至今。鸡鸣寺在清代咸丰年间毁于战火，同治年间重修，但规模远不如前，新中国成立后改寺为尼众道场。

南京鸡鸣寺东侧院落之中有口胭脂井，传说就是南陈后主陈叔宝携妃子张丽华及孔贵嫔躲避隋军藏身的景阳井。该井井栏为八边形鼓形石井栏，井栏内沿有绳痕数道，井外建有井亭一座，井旁树立“古胭脂井”石碑一块（图19）。据了解，石碑为1984年重修所立，石井栏也是当年修缮时异地迁来，并非原物。

图18　鸡鸣寺附近“山水城林”风光

图19　古胭脂井和碑

清代著名诗人袁枚有《景阳井》云：“华林秋老草莽莽，谁指遗宫认景阳，当日君王纵消渴，井中何处泛鸳鸯。”

诗中描写的故事便是隋灭南陈时的一件传闻轶事。公元588年，隋文帝派兵南下，攻破广陵、京口和都城建康，陈朝灭亡。在进攻建康城的过程中，陈后主携宠爱的贵妃张丽华和孔贵嫔藏于一口已干涸的井中。隋军在宫中搜寻陈后主，最后在景阳殿外的这口井里发现有人藏于其中。隋军大声喊叫，井下却无人应答，士兵在井外扬言要扔下石头，藏身于井下的陈后主等人听到方才应答求救，后被隋朝士兵用绳索拉出。这便是“落井下石”成语的出处。因为陈后主等人在此自取其辱，又被隋军羞辱，这口井也被称为“辱井”。

民国时期古胭脂井是一处热门景点，一是井旁鸡鸣寺香火旺盛，二是附近台城段城墙也是著名的景点，引得不少文人墨客前来怀古。

关于今日胭脂井是否就是南陈的景阳井，答案是否定的，应该只是一口纪念性的景观。

清凉寺还阳泉井

图20　还阳泉外观

南京的地理形势有“钟阜龙蟠，石头虎踞”之特点，钟山和石头山分别代表了东方苍龙和西方白虎。“石头虎踞”的石头山便是今天的清凉山，在清凉山南麓有一座千年古寺清凉寺，金陵四十八景中的“清凉问佛”便是描绘清凉寺礼佛的场景。今天在清凉山公园内也有一座“古清凉寺”大殿，大殿后面有一院落，内有一古井，就是著名的“还阳泉”（图20）。

还阳泉又称“南唐义井”，也称“保大泉”“还阳井”，南唐保大三年（945）清凉寺僧人僧广惠挖得。传说此井水质优良，老僧饮用此水年迈不衰，须发尤黑，故有“还阳泉”美名。至于该井水具有“还阳”的功效，一种说法是清凉山上生有何首乌，其药汁渗入井水中之故。如今，井口已经被封住，井水也不再饮用，但井栏上还有“南唐义井”四个大字。

如今，还阳泉井上建立了一座井亭，井后墙壁上还有著名书法家萧娴于1991年书写的“还阳泉”。

据《石城山志》记载：“右有清凉寺，寺为南唐离宫，后舍为寺。门外有保大泉，即南唐义井也。寺后山有翠微亭，后主所建，又名暑风。”南唐义井便是还阳泉，其位置并不在清凉寺门外，而在今天的清凉古寺大殿的后方院落之中，这又为何故呢?

原来今天我们看到的清凉古寺并非南唐时期的清凉寺的建筑，也不是清凉寺的原址。这座建筑东侧有一块石碑上写着“该建筑系清朝一八六三年间所建，一九九二年因中山南路南下工程，经市政府批准搬迁复建于此”。原来，这座建筑原为一座清真寺大殿，

图21　清凉山公园内的清凉古寺

1992年因市政建设搬迁于此，成为“古清凉寺”的大殿（图21）。

2013年，南京市考古研究院对位于“古清凉寺”大殿东北方向的山麓进行考古发掘，在此处发现了古清凉寺的基址。该基址的位置位于还阳泉的东北面，正好印证了《石城山志》中“门外有保大泉”的记录。

卞公祠忠孝泉井

朝天宫是南京市内著名的古迹名胜，朝天宫建筑群也是江南地区规模最大、等级最高、保留最完整的清代建筑群（图22）。在建筑群西侧，原来还有一座千年的墓和祠——卞壶墓、卞壶祠，埋葬和纪念在东

图22　朝天宫古建筑群鸟瞰

晋苏峻之乱中战死的忠臣卞壶父子。卞壶祠遗址上有口古井，名曰忠孝泉井，是卞壶祠为数不多的遗存。

历经千百年的变迁，朝天宫一带的建筑群也发生了很大变化。除了主体建筑由道观变为文庙外，卞壶墓和祠也大多被毁，仅存忠孝泉井、全节坊、清代卞壶墓碑、卞壶墓碣及部分基址。

忠孝泉井，又名忠孝井，在朝天宫冶山西麓，卞壶祠南，莫愁路东。《景定建康志》载：南宋嘉定三年（1210），建康马军行司主管临淮人周虎为储水防火，命人在驻地的一处空场挖地凿池，才挖下去四五尺，就有一眼泉水涌出。《景定建康志》称此水“清泠而甘香，以之沦茗涤烦，颇胜他水”。因不远处的山上即有卞壶祠忠孝亭，所以，周虎就命名此泉为“忠孝泉”。

忠孝泉井井栏高约45厘米，为石质六边形，内侧口沿有数道深深的绳痕，外侧一面有“忠孝泉　永乐十七年七月”的铭文（图23）。井内壁砖砌，井底无水，布满垃圾。

如今，卞壶祠遗址被辟为市民广场，卞壶墓碣也被列为南京市文物保护单位。忠孝泉井则修建了一座井亭，供过往市民休息小坐。

1 忠孝泉井和全节坊
2 忠孝泉井和井亭
3 忠孝泉井顶部
4 忠孝泉井井铭

图23 忠孝泉井外观和细节

湖神庙铜钩井

玄武湖是南京城北的重要名胜，曾是著名的皇家园林湖泊，被称为“金陵明珠”，也有后湖、北湖之称。玄武湖中梁州的人文历史最为丰富，有湖神庙、黄册库等遗存。湖神庙遗址内有一名为铜钩井的古井，明建清末重修。

光绪三年（1877），时任江宁地方官的廖纶重修湖神庙时修缮了院内的古井，并因为这座明代古井在挖掘时出土了疑似六朝的铜钩一具而命名其为“铜钩井”。新的铜钩井井栏外侧有“铜钩井”秦代铁篆三字，每字长宽约40×20厘米，上紧下松，字体匀称（图24）。在“井”字旁的井栏上勒石题跋，以志其

1 | 2
3 | 4 | 5

1 铜钩井外部环境
2 铜钩井绳痕
3 “井”字
4 “钩”字
5 “铜”字

图24　铜钩井外观和细节

事。跋曰："大明丁丑，掘井湖上，深二丈余，获铜钩一具，井以是名，似前定欤。巴江廖纶书。"

勒石题跋的巴江廖纶何许人？巴江位于四川巴中，巴江廖纶则是在清军与太平军战争中协助曾国藩督办浙江、上海厘局（即税收）的官员廖纶。

湖神庙，初为"神祠"，传为祭祀一位茅姓湖工而建。洪武十四年（1381），明太祖诏天下府、州、县论赋役，凡天下所造黄册（人口统计册）、鱼鳞册（田亩统计册）储于后湖。据《后湖志·神祠记》记录，此茅姓老人曾为建黄册库房献策："四席皆东西向，日朝出，四景东影；日夕入，四景西影，万世利也。"传说朱元璋采纳了他的建议，并委任他为湖工，死后将其葬于梁州，并修筑神祠（图25）。

图25　玄武湖梁州湖神庙遗址

湖神庙毁于太平天国的战火。在平定太平天国运动后，时任两江总督的曾国藩于同治十一年（1872）重建湖神庙。该庙占地2亩，包括湖神庙殿、观音阁、大仙楼、赏荷厅、湖心亭等一组建筑，铜钩井便位于该建筑群庭院之中。

风景名胜里的井

南京襟江带河，依山傍水，钟山龙蟠，石头虎踞，山川秀美，自然风光和历史人文兼具。从落花如雨的雨花台，到钟灵毓秀的紫金山，再到桨声灯影的秦淮河和夫子庙……游走在这些景区内，每一步都触碰着鲜活的历史。

在这些风景名胜中也有许多古井，有的是景区内寺庙祠宇生活之用，有的则是后世建立纪念之用。如雨花台内的甘露井，头陀岭上的古白云泉，都很可能是以前寺庙留下来的遗存。又如夫子庙景区的乌衣巷井，则应该是清代纪念东晋风流王谢故居的一口井。

雨花台的井

南京雨花台是中华门外的一座高地，旧时有聚宝山、石子岗、玛瑙岗等称谓。传说东晋时有高僧云光法师在此设坛讲经，因说法虔诚所至，感动上苍，落花如雨，始而得名雨花台，沿用至今。雨花台的历史悠久，风景优美，不仅是风景名胜区，还是著名的爱国主义教育基地（图26）。

图26　雨花台风景区鸟瞰

在景区东部有江南第二泉、二忠祠、高座寺等古迹名胜，还有三口古井分布在此：古甘露井、二泉井和一泉井。

古甘露井位于高座寺甘露门外广场之上，并建有一六角井亭“甘露亭”予以保护。据景区介绍，该井有1700多年历史，为南京市区最为古老的井之一。井口为圆形，直径约80厘米，井内壁为砖砌，完好无损。1996年景区管理部门进行修缮。但是，古甘露井

1 雨花泉“雨”字
2 雨花泉“花”字
3 雨花泉“泉”字
4 古甘露井、甘露亭

图27　古甘露井和“雨花泉”井栏

上的井栏却不是“原配”，而是另外一口古井雨花泉的井栏。

该井栏为方形，被景区使用不锈钢栅栏进行保护。通过不锈钢缝隙，可以清楚地看到“雨花泉”三个字凿刻于井栏沿壁上（图27）。

据《雨花台区文物志》记录：1982年文物普查，在金陵橡胶厂内发现方形井栏一座，三面分刻“雨”“花”“泉”隶字，一面镌刻“梁天监二年”（503）。旧有砖砌井壁已被破坏，泉眼亦被填堵，井栏由雨花台区文管会移至雨花台区文化馆保存。

20世纪80年代的金陵橡胶厂在雨花台西麓普德寺遗址内，由此可知，井栏所在地便是六朝时期与永宁泉齐名的雨花泉。至于何时将此井栏用于古甘露泉井栏，应该是后期修缮所为。

在距离古甘露井不远处便是永宁泉，也被称为江南第二泉。在永宁泉西南侧有一口二泉井，又名永宁泉井。该井现存较为完好，井壁完整，井栏为石质圆鼓形，高约50厘米。

另外，在二泉井以南300多米的“二忠祠”北侧竹林深处，有一口被称为一泉井的古井。该井有一八边形井栏，高约44厘米，外径约60厘米，内径约33厘米。一泉井的来历不详，相传宋代聚宝山上有一口清泉，泉水清洌甘美，色味俱绝。该泉因依二泉，故被当地百姓称为一泉。

头陀岭的井

紫金山又名钟山、蒋山，是南京的母亲山。“钟阜龙蟠，石城虎踞”，紫金山像一条青龙盘踞在南京城东，是一座自然风光秀美、人文历史荟萃的名山。紫金山主峰海拔448.9米，主峰旁边有座山岭海拔425米，名为头陀岭（图28）。

图28　紫金山头陀岭

头陀岭因六朝时期有一座寺庙头陀寺而得名，在头陀岭西边山腰和东边各有一座古井，为古白云井和应潮井。

古白云泉井位于头陀岭山顶公园西北侧山腰处，

1 古白云泉
2 古白云泉“东海益井”井栏
3 古白云泉石砌井壁和井底
4 应潮井井亭

图29　古白云泉和应潮井

据传是古白云寺的遗存。该井的井壁为砖砌，深度约5米，井栏为圆形石质，井栏外沿上刻有“东海益井”四字（图29）。

据参与紫金山考古调查和文化遗产修复的路侃老师介绍，该井栏并非原配，而是白马石刻公园从外地征集的一口古井栏。

应潮井在头陀岭东南山顶公路边，距离山顶公园约2公里。1993年中山陵园管理处发现该井，建立井栏和井亭予以保护。

传此井水和长江之水相连通，江潮起落和井水相呼应。唐代笔记小说《酉阳杂俎》还有一则离奇的记载：唐代贞观年间，有一牧童在应潮井打水时打出一块长约一尺的朽木板，上面有朱漆写的“吴赤乌二年豫章王子骏之船”。

关于古白云泉和应潮井，因为都是在20世纪90年代后景区建设中陆续发现并加以保护的，缺乏其他旁证，纪念性建筑的可能性较大。

总统府的井

总统府景区是孙中山临时大总统府及南京国民政府建筑遗存的简称，位于南京市长江路292号。景区所在地历史悠久，经历多次变迁：明代是明成祖次子汉王朱高煦的汉王府，清代为两江总督府和太平天国天王府。民国之后，还曾经是中华民国临时大总统府、国民政府、总统府等机构。1949年后为江苏省政协等办公地，20世纪90年代后成为景区（图30）。

图30　总统府景区（王腾拍摄）

总统府景区内遗留有多口古井，一部分在景区开放区域，还有的在景区不开放区域，分布在总统府景区的东、西两侧。

东侧从南湖到天王府遗址复园分布了5口古井，这些古井井栏均为石质，或为圆形或为六边形，均不再使用，但井内井水尚存（图31）。

第一口井位于南湖东侧，该井井栏为青石石质，上圆下方，外部还有四方形井垫。第二口井位于晚清与民国历史陈列室房屋之间，该井井栏为六边鼓形，井垫为四方形。第三口井位于晚清与民国历史陈列室马厩内，为六边鼓形，较之第二口井井栏稍小。第四口井位于复建的天王府东侧墙角下，井栏也是六边鼓形。第五口井位于复园小桥边，井栏为圆形，井垫为四方形。

1 | 2 / 3 / 4 / 5

1 古井1，南湖旁
2 古井2，陈列室旁
3 古井3，马厩内
4 古井4，天王府旁
5 古井5，复园内

图31　总统府景区东区内古井

另外，西侧开放区域现存一口古井，位于煦园内桐音馆旁一处假山内。煦园西边“禁毒展览馆”办公室和原典礼局楼附近还各有一口古井，没有对外开放。

总统府景区建筑群，历经中国近代史一次次重要的历史，现存的这几口古井便是这些历史事件的重要见证者。

莫愁湖的井

莫愁湖古称横塘，因其依石头城，故又称石城湖。为了纪念不愿意进宫为妃而投湖的莫愁女，后改“莫愁”之名。该湖有着1500多年的人文历史，为著名的六朝胜迹（图32）。

图32　莫愁湖鸟瞰

千百年来，莫愁湖几经盛衰，特别是在咸丰年间的战火中几近毁灭。现在莫愁湖公园的东南角有一古典园林建筑群，主要由郁金堂、苏合厢、水院、胜棋楼组成。该建筑群于同治十年（1871）由两江总督李鸿章重建，民国时期重修，新中国成立后又对格局进行了调整修缮。在该建筑群内现存一口古井，位于郁金堂、苏合厢南面院落，胜棋楼旁。

郁金堂、苏合厢是莫愁女故居的纪念建筑。“郁金、苏合”之名来自梁武帝萧衍《河中之水歌》中“卢家兰室桂为梁，中有郁金苏合香”。

郁金堂故址在胜棋楼后，现址在胜棋楼西、水院之东。郁金堂面阔六间，进深两间，为砖木结构建筑。郁金堂正南为苏合厢，也是一砖木结构建筑。苏合厢南面

1 水院内的莫愁女雕像
2 “到此莫愁”门额
3 苏合厢后院
4 苏合厢后院的古井

图33　莫愁女雕像和胜棋楼古井

有一院子，院子角落有竹林和假山景观。古井位于假山旁，有一圆形井栏，青石质，井口用玻璃封死，不再使用。井边还有一组塑像，内容为莫愁女坐在小凳上对着炉子扇风烧火熬药，炉边还有药臼、竹篓和箩筐，和古井融为一体；井中之水用于洗涤、熬药（图33）。

这口井何时所建，无详细记载，有可能是近代修建的纪念性古井。关于莫愁女的故事有郢州（今湖北钟祥）石城莫愁女故事、洛阳莫愁女故事、南京莫愁女故事几个不同的版本，从年代上也横跨战国、南北朝、明代上千年。井边的这组塑像中的人物，应该是明中山王府的丫鬟莫愁，传说她和中山王孙徐澄有一段凄美的爱情故事。

夫子庙的井

南京的母亲河秦淮河在东水关外分为二支，一支向南再向西转而向北流向大江，为外秦淮；一支经东水关流进城内，再从西水关流出和外秦淮河汇合，为内秦淮。内秦淮河长约十里，沿河两岸河房鳞次栉比，河上桨声灯影，船舫交错。这段内秦淮被称为十里秦淮，夫子庙就像一颗明珠镶嵌在十里秦淮的中心（图34）。

图34　“十里秦淮”南京夫子庙段

夫子庙景区除了有千年历史的夫子庙之外，还有著名的江南贡院和乌衣巷等景点。在夫子庙地区现存四口古井，即夫子庙遗址的玉兔泉井、乌衣巷古井和江南贡院的两口贡院井（图35）。

玉兔泉井位于夫子庙遗址内，1984年复建夫子庙时被发现，2009年重修，现作为景点对外开放。玉兔泉井的修建和宋代奸臣秦桧有关。秦桧虽是反面人物，但他青年时期求学却十分刻苦。据元《至正金陵新志》记载，秦桧在夫子庙学宫学习期间，一天晚上看书看得很晚，皎洁的月光下，一只白兔跑过钻进地下。秦桧让人挖掘白兔入地之处，不到一丈便发现一眼清澈泉水。后来秦桧考上了状元，派人开凿造井，并题写了“玉兔泉”井铭。

1 玉兔泉
2 贡院古井分布
3 乌衣巷井

图35　玉兔泉、贡院井和乌衣巷井

乌衣巷位于文德桥南，与钞库街、大石坝街相接。“乌衣”二字源于三国东吴时期，当时这里是禁军乌衣营所在地；到了东晋时期，王导、谢安两大家族聚族而居于乌衣巷一带。

乌衣巷井建于清代，是一座纪念性的古井。井栏为圆形，青石质，外径约65厘米，高约43厘米。井内壁为砖砌，井水尚存。

江南贡院是夫子庙景区的重要组成部分。贡院始建于南宋，明清时期不断扩建。科举制度被废除后，贡院建筑不断被损毁，现存主要建筑和遗存有明远楼、飞虹桥、贡院碑刻。在明远楼和至公堂之间有两口古井，称之为贡院井。

主城巷陌里的井

明代南京城内有三大区域，即鼓楼西北的军队卫戍区域、城东的皇家宫殿和祭祀区域、城南的民居市肆区域。这种分区的影响延续至今，比如今天南京工厂和大学多建于城北和城东，而老的历史街区多存于城南。

以城南作为民居聚集市的这种格局也体现在南京现存古井的分布上。城北和城东的古井数量少，城南的古井则星罗棋布于寻常巷陌和深宅大院内，如烟火犹存的门西地区就现存20多口古井，部分古井至今仍在使用。

古四眼井

汉（旱）西门也称石城门，是南京明城墙西边一座重要的城门。该城门为两重内瓮城结构，城门北靠石头城，西临秦淮河，外观就像一艘即将起航的大船。在汉西门内有一座四眼井，是南京现存唯一的四眼古井。

四眼古井有四个外方内圆的井栏，井栏上有“古四眼井”的井铭，其中一口井栏外侧的“古四眼井”四字右侧还有一行小字：“光绪二年桂月里人重修。”（图36、图37）

关于这座井的建造年代有不同的说法：一种说

图36　四眼古井外观

图37　古四眼井铭文

法是南唐时城中驻有兵卒，为解决就近饮水问题，特凿此井，明代重建，清代修葺；一种说法是明代修建石城门时用于“镇门”而开凿；还有一种说法是建于清代。

通过井栏上“光绪二年桂月里人重修”可见，清光绪二年（1876）农历八月由当地主事官员重修此井。之所以以“古”字命名，应该是该井在重修之时已存，且历史较为悠久。因此笔者比较认同是南唐或者明代修建，清代修葺重建了井栏。

四眼井是南京地区现存唯一有四个井眼的古井，也是眼数最多的一口古井。在南京历史上除了四眼井，还有三眼井和九眼井。据甘熙《白下琐言》记录：“城中人烟辐辏，食井不可胜计，汉西门侧有四眼井，北门桥东有三眼井，进香河尽处有九眼井……”三眼井和九眼井都已不存。

另外，这口四眼古井在城市建设过程中也经历了不少磨难。据《金陵晚报》2005年4月22日《南京独一无二的四眼古井》报道，该井所处环境恶劣，四个井口都被水泥覆盖，还堆满了快餐盒、塑料纸等垃圾。另据《现代快报》2014年3月28日《南京唯一四眼井建于清代　井内堆满垃圾待保护》报道，该井口的水泥已经被去除，但还是有不少市民往里面扔垃圾，导致井内的环境恶劣。后来文物部门也征求了市民的保护意见，使用玻璃将四眼井完全罩起来，今天的状态就是当时保护的结果。封闭的空间对文物的保护和宣传都不利，希望四眼井能早日重见天日，得到更好的保护。

门西古井群

门西是中华门以西地区的简称，这一带千百年来便是南京人传统聚居之地，历代的达贵官人、文人雅士多在此建立宅院。据史料记载，南唐宰相韩熙载、明朝文学家顾起元，清代政商传奇人物胡恩燮的宅第都在门西（图38）。门西也是百姓聚居之地，同乡共井、陈家牌坊、孝顺里、高岗里，这些地名也都渗透

图38　愚园（胡家花园）和门西民居群

出浓浓街坊邻里的气息。时至今日，门西是唯一保存了老城南传统民居风貌和市井生活的地区，也是现存南京古井最为密集的区域。

门西地区范围较大，以中华路以西、集庆路以南、愚园以东的这片区域分布了数量众多的历史建筑。经过调查，目前这片区域现存古井约20口，其中还在使用的有6口，分布在六角井、小百花巷、高岗里、煤灰堆几个街巷（图39）。

门西古井

1 六角井19-2号井
2 六角井32号井
3 甘露巷27号井
4 陈家牌坊27号井
5 同乡共井2号井
6 同乡共井11号井
7 高岗里9号井
8 高岗里22号井
9 高岗里20号井
10 水斋庵2号井
11 水斋庵6号井
12 磨盘街13号井
13 学智坊26号井
14 孝顺里36号井
15 煤灰堆25号井
16 过街楼1-1号井
17 小百花巷1号井
18 小百花巷16号井
19 小百花巷24号井
20 小百花巷40-1号井

图39　门西地区古井分布图

门西街巷名中以“井”命名的有两处，一是六角井，二是同乡共井。六角井和同乡共井两个巷子各有两口古井。另外，高岗里、小百花巷是现存古井最为密集的街巷。其中，高岗里现存三口古井，两口仍在使用；小百花巷现存四口古井，三口仍在使用。

六角井位于中华门西，东起中华门广场，西至陈家牌坊。根据《南京地名大全》记录：因有明代古井一口，井栏呈六角形，故名。后成巷，巷以井名。今井尚存，无水可取，旧貌已无，但井边青石板尚存。六角井巷内现存两口古井，一口是六角井19-2号井，一口是六角井32号井（图40）。

这两口古井均为八边八角形状，并非六角。其中19-2号井井栏高约50厘米，厚约20厘米，内径约40厘米，有16道深深的绳痕。井栏外侧的纹饰较为特别，每一面有直棂窗和类似涌泉纹饰。32号井井栏也为青石石质，比19-2号井略小，高约42厘米，内径约30厘米。这两口井目前都能使用，但19-2号井堆了一些杂物，32号井有石磨盘盖住井口，当地居民偶尔使用。

对比现存的两口古井，均和《南京地名大全》中记载不符，至于那口明代六角古井在何处，抑或是井栏被更换，还有待进一步走访调查。

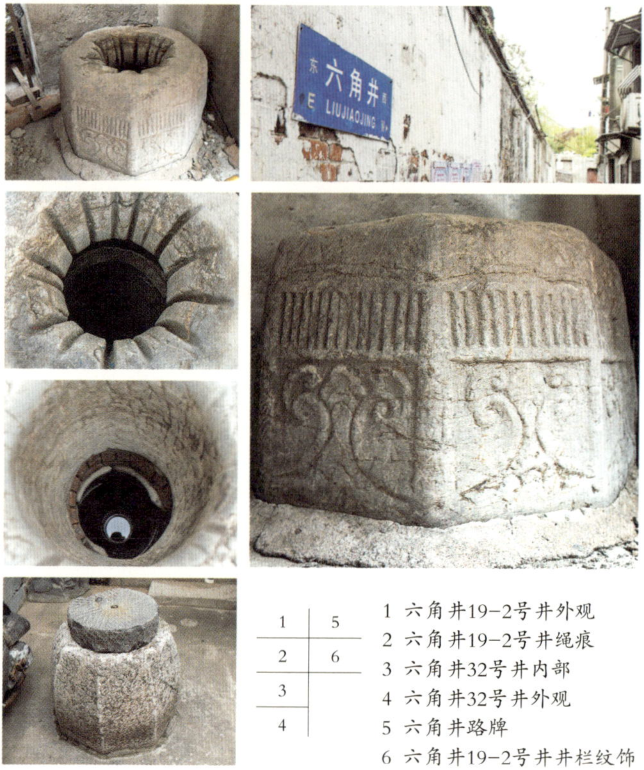

1	5
2	6
3	
4	

1 六角井19-2号井外观
2 六角井19-2号井绳痕
3 六角井32号井内部
4 六角井32号井外观
5 六角井路牌
6 六角井19-2号井井栏纹饰

图40　六角井19-2号、32号井

同乡共井位于中华门西，南起陈家牌坊，北至饮马巷，清《同治上江两县志》即载有此名。传清代有几个同乡迁此定居，共用一口水井，以“同乡共井”四字得巷名。

同乡共井巷内现存两口古井，一口在同乡共井2号

3 1
4 2

1 同乡共井路牌
2 同乡共井11号井外观
3 同乡共井2号井外观
4 同乡共井2号井井口

图41　同乡共井2号井和11号井

旁，为同乡共井2号井；另外一口位于同乡共井11号民居内，为同乡共井11号井（图41）。

同乡共井2号和11号井现均已不用，但两口井均有井水。2号井现在为街巷口的一处景观。该井井栏为青石石质，八面鼓形，高约50厘米，外径约45厘米，内径约35厘米，井内用铁丝网封堵隔离。11号井则在11号古建筑内，周围环境较差，井栏上堆满了杂物。该井井栏为圆鼓形，高约40厘米，外径约50厘米，内径约28厘米，井内壁为砖砌筑，井水因常年不用呈黑色。这口井的墙壁上还有一壁龛，居民说是供奉佛像（井神）之用。

关于同乡共井地名的来历，有一种传说是两晋时期衣冠南渡，王、谢等士族大家纷纷南迁，也带来了众多的氏族在此安家。王导勉励大家只有同舟共济，才能稳固政权，在此立足。无论哪一种传说，同乡共井的地名都体现了中华文化中邻里和睦、互信互助的优秀传统。

小百花巷有小百花巷1号、小百花巷16号、小百花巷24号和小百花巷40-1号四口古井，其中小百花巷1号井井栏有南宋淳熙丙午年的铭文，距今有800多年历史，该井目前仍在使用。另外，也有一种说法该井栏是从瞻园迁至此，目前尚没有定论。

高岗里有高岗里9号、高岗里22号、高岗里20号三口古井，其中高岗里9号井仍在使用。水斋庵还有两口井，分别为水斋庵2号井、水斋庵6号井，均被封堵。磨盘街、过街楼、煤灰堆、甘露巷、陈家牌坊、孝顺里、学智坊还各有一口古井。其中，磨盘街13号井、甘露巷27号井、孝顺里36号井都已封堵。煤灰堆27号井、学智坊26号井、陈家牌坊27号井仍可使用。

另外，在靠近门西地区的集庆路上还有一口元代的仓顶大井。据文保资料记载：该井建于元代，迄今已有六百多年历史。井内上狭下阔，四周井壁坚如城墙，内可容纳数十人。1992年扩建集庆路时，为该井建立围栏予以保护。目前该井位于路边高台之上，井栏为六边形，高约50厘米，上有一石板覆盖。

门西地区地理环境优越，将来势必进行改造和开发。我们希望无论是什么样的开发，都尽可能把这些古井原址保留，甚至加以继续利用。

门东古井群

门东即中华门以东的街区，和门西对称分布。和烟火犹存的门西地区相比，门东已经在近些年的拆建和改造后焕然一新，打造了老门东历史文化街区（图42）。在拆建和改造后，大量的历史建筑或消失或失去了原来的风格，有一些老民居被改造保留下来，而作为民居建筑重要组成的古井也只留存几口。

门东地区现存8口古井，位于边营、中营、三条营

图42　焕然一新的门东地区

的几处民居内外。史载明初朱元璋为解决修建南京城墙兵夫的宿食，在如今的门东地区盖起东、西向三条营房，由南向北依次称为边营、中营、三条营（图43）。

据《南京地名大全》资料，边营位于雨花门内，东起老虎头，西至上江考棚，因明初在靠近城墙边建立军队营房而得名。边营现存古井1口，位于边营2号民居，称之为边营2号井（图44）。

边营2号民居已被改造为一家书店，井就在书店门外东侧。该井井栏为青石石质，八面鼓形，高约38厘米，外径约40厘米，内径约30厘米。井内壁为砖砌，井栏内沿有绳痕数条。该井目前不再使用，周围修建了景观，但井内水尚存。

三条营东起双塘园，西至上江考棚，因明代此

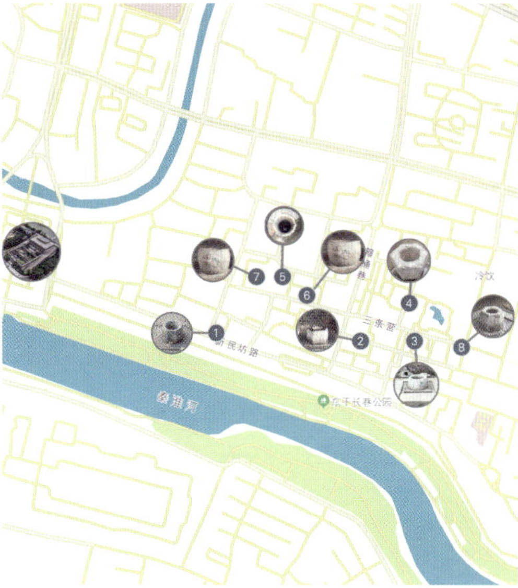

门东古井

1 边营2号井
2 中营52号井
3 三条营23号井
4 三条营34号井
5 三条营62号井
6 三条营76号井
7 三条营78号井
8 三条营81号井

图43　门东地区古井分布图

图44　边营2号井

地为城守营的三处驻军营房而得名。后废为条状的巷子，名三条营。三条营现存6口古井，分别为三条营23号井、三条营34号井、三条营62号井、三条营76号井、三条营78号井、三条营81号井。这几口古井目前均已废弃，但井水尚存。6口井中以三条营34号井比较有代表性：青石石质，六面鼓形，井栏高60厘米，井口外径约55厘米，内径约38厘米，井垫石为正方形，边长约90厘米。另外，三条营81号井目前位置在三条营15号民居前，可能异地进行了保存。

中营东起转龙巷，西至边营北侧。明代此处驻军营地位于边营和三条营之间，故名中营。后成为巷，巷以营名。中营现存1口古井，为中营52号井。该井位于房檐之下，外观和三条营34号井类似，也为青石六边鼓形井栏，但高度稍低。该井目前也已废弃，井内井水尚存。

门东地区仅存的8口古井现在均不再使用，大多作为景观向游人展示，有的则偏于一隅还显得格格不入，甚至常被误认为垃圾桶。我们不奢求这些井能够恢复原有的作用，只希望这些千百年哺育着南京人的古井能够好好保存，留住城市的记忆，留住老城南的根和源。

甘熙宅第古井

南京城内古民居中规模最大、保存最为完整的要属位于城南的甘熙宅第，也称甘熙故居或甘家大院。该宅院是清代著名文人、藏书家甘熙之父甘福所造，堂号“友恭堂”。因甘熙对南京清代文史的重要贡献，后人将其宅第命名为“甘熙故居”或“甘熙宅第”并沿用至今。甘熙宅第现被辟为“南京市民俗博物馆”和“南京市非物质文化遗产馆”对外开放（图45）。

图45　甘熙宅第建筑群

据南京民俗博物馆资料介绍：传说甘熙宅第过去曾有35个天井、32眼水井，后根据调查和维修发现，甘熙宅第有水井10眼。目前，已清理恢复的水井有9眼，它们的位置、形制各不相同。

位于建筑群中间的南捕厅15号过去曾有甘家的

四房子孙居住，居住人口是四组建筑中最多的。15号原有4眼水井，其中3处水井在房屋的修建中被填埋或者废弃，仅有第五进西路寿石轩院内一眼水井保留到现在。

寿石轩是甘熙的书房，《寿石轩诗文集》以及《白下琐记》等著作很可能就是在这里完成的。

寿石轩前有一庭院，园内一假山旁有一古井（图46）。该古井井栏为花岗岩石质六边鼓形，井栏外侧

1 | 2 / 3

1 寿石轩院落内的古井
2 古井井栏外“福泉”井铭
3 寿石轩“寿石”

图46　南捕厅15号第五进寿石轩内的古井

刻有“福泉”二字。据了解，该“福泉井”井栏并非原配，而是从一处明代古井搬迁于此。原来是因城市建设需要，位于大辉复巷311号的“福泉井”废弃，井栏被搬迁保护在甘熙故居院内，2002年维修寿石轩前的这口古井时，将井栏安防此处，井垫石也是当年维修时根据甘家后人提供的照片原样恢复的。

除了寿石轩古井之外，在南捕厅17号和19号现各存2口古井，位于17号门厅室内西北角、17号第二进屋檐下的阶条石上、19号第四进前院西南边、19号第五进前院中。

17号的这两口井可能和风水相关而设置在了室内和屋檐下，其中17号第二进屋檐下古井井口呈桃形，非常少见。

19号第四进古井的井口宽大，石井台为原物，石井栏呈圆桶形，井壁厚实，井栏较高，达75厘米。井沿处有19道深绳痕。该井栏原是位于丰富路的明代古井“头道高井”的井栏，2003年因城市拆迁，移来此处。该井栏还雕有一莲花字堂井铭，文字漶漫不清。

19号第五进井是宅第中唯一保持原样的古井，井台、井栏都是原物，并一直被居民使用。井栏为六角形，鼓腹，青石石质，高约70厘米。井口外径约55厘米，内径约26厘米。井垫石也是六角形，边长约为45厘米，石质和井栏石质一致。

另外，甘熙宅第的室内还有多口水井，其中一口位于南捕厅15号第四进。该水井较小，有石井盖，井盖上留有通气孔，能够调节室内的温度和湿度，起到了土空调的作用。

金陵刻经处井

南京淮海路和延龄巷交界处有一座闹中取静、古色古香的院落，这就是著名的金陵刻经处，我国近现代第一家由佛教学者创设的集印刷、流通为一体的文化机构。该院落最初是我国晚清著名佛学家杨仁山居士在延龄巷建的私宅（图47）。

在宅院西侧有深柳堂，为杨仁山居士读书处。

图47　金陵刻经处全景（王腾拍摄）

图48　金陵刻经处井

在堂外院落西侧有一口井，井栏为青石石质，呈圆鼓形，井栏四周有“金陵刻经处”五个楷书繁体大字（图48）。井早已不用，上覆盖一石板，井内情况未知。

从清末杨仁山居士建宅至今，金陵刻经处曾几度惨遭损毁。在新中国建立之初和改革开放之初进行了两次恢复建设，逐步形成今天的格局。那金陵刻经处这口井修建于何时？笔者请教了金陵刻经处武延康先生。据武先生介绍，这口井自他1990年来此工作时便不再使用，只听说井栏上的“金陵刻经处”五个大字刻于1925年，至于何人书写目前也没有记录了。

如今，金陵刻经处是我国乃至世界佛经汉文版刻印的中心，在2013年被列为第七批全国重点文物保护单位。2009年，“中国雕版印刷技艺”也被联合国教科文组织列入“世界级非物质文化遗产”名录。深柳堂、祇洹精舍、经版楼、杨仁山墓塔，包括这口井，一起见证了金陵刻经处150年来的起伏和辉煌。

郊县乡野里的井

近年南京行政区划调整之前有江浦、江宁、六合、溧水、高淳五郊县，从2000年撤县建区到2013年期间，江宁县首先撤县建区，江浦县和浦口区合并为新的浦口区，其余三县也相继改区。

传统的五郊县除江宁县是1934年和南京分治后在东山镇建立之外，其余作为治所均有较长的历史。因此，在这些县城内还保存了一些历史街区，古井便散落在街区之中。在郊县周围的乡野之中，很多古井星罗棋布，或为引用之井，或为灌溉之井，千百年来为当地百姓提供了生活和生产的源泉。

六合的古井

六合古称棠邑，隋开皇四年（584）因其境内有定山，定山有六峰：寒山峰、邓子峰、石人峰、芙蓉峰、妙高峰、双鸡峰，又六峰是环合的，故改名为六合。

六合历史悠久，早在数千年前便有人类活动的原始村落。春秋时期重镇棠邑县县治便在今天的六合境内，是南京地区最为重要的早期城邑之一。秦汉以来，一直是江北地区重要的战略要地，也是南来北往重要的交通枢纽。六合地区现存的古井数量众多，分布在县城和乡村之中，有不少仍在使用。

县城之中有大官巷井、北大街井、美济院井等数口古井，在六合文庙泮池旁边还有一口古井，为品字井中的一口。

在六合各个乡镇中，古井分布更多，其中比较有代表性的有瓜埠镇的太平寺井、龙袍街道孙营井和吴楼双井、程桥街道的孙大营井和金庄宋井。

大官巷位于六合县城旧县府署西，为一公共通道，“官”同“公”。大官巷22号民居前有一清代古井，是当时巷内居民取生活用水的饮用井（图49）。该井井栏为麻石石质，圆形，因长期使用井栏有裂痕，后用铁丝箍紧继续使用。井垫为方形，井内壁为砖砌，井水尚存，附近居民作洗涤之用。

图49　大官巷井

北大街是六合县城的一条老街，清代官衙在该街道上造了三口古井，分别为：头道官井、二道官井、三道官井。如今头道官井尚存，位于北大街25号前；二道官井和三道官井在近年城市开发过程中被毁，已无存。北大街头道官井井栏为圆鼓形，麻石石质；井垫石为花岗岩质，也为圆形，四周还有三个突出石垫，中间穿孔，可能为栓井绳之用。井内壁为砖砌，

图50　北大街井（头道官井）

图51　六合文庙品字井

水质清冽，附近居民作洗涤之用（图50）。

六合文庙是南京地区保存较为完好的文庙之一，也是六合区最完整、规模最大的古建筑群。文庙最南端有“万仞宫墙”，宫墙内有泮池，泮池周围原来有三口古井围绕，形同“品”字，称品字井，井水长年不竭。如今，泮池旁仅存一口古井，井栏为圆筒形，井栏壁上有圆形孔，井垫也为圆形，内壁为砖砌，井水尚存（图51）。

六合县城内除了上述几口古井，在长江路、汪家巷、棠城西路等地还存古井数口。

六合各个乡镇均有古井分布，有的已经废弃不用，有的还被当地村民作为洗涤之水使用。其中位于瓜埠镇太平禅寺内的太平寺井，据文物部门考证建于东汉，是南京地区现存年代最早的一口古井。井栏有铭文的古井以程桥金庄宋井和孙大营明成化古井为代表。此外，还存有双井黄井、吴楼双井两口双眼井。

古镇瓜埠，西滨滁河，南临大江，为江河汇处，为滁河进江口和长江下游重要古渡口。辛弃疾《永遇乐·京口北固亭怀古》的一句“佛狸祠下，一片神鸦社鼓”便是描写位于瓜埠镇旁瓜埠山上的佛狸祠。这座祠宇最初是北魏孝武帝拓跋焘南下时在此建立的行宫，后来改为太平禅寺，也就是今天复建的太平禅寺之前身。

在今天太平禅寺大殿西侧的放生池旁有一口名为瓜埠太平寺井的古井，传说也和佛狸祠有关。据南京博物馆考古发掘整理，初步论证其为东汉古井（图52）。该井内径约2.6米，井壁用麻布砖砌成，深约3米。文物部门还在井内发掘出铁钉、铁剑、陶片及六

图52　瓜埠太平寺井

朝瓷片等文物。

金庄宋井位于程桥街道金庄村村口，井栏为八角形，麻石质。井栏外侧有“元祐八年合保二十二户”“农用”等铭文，井栏内侧有27道深深绳痕。井内壁为砖砌，深10多米，井水尚存，但已不再使用（图53）。通过对铭文的解读，可知该井是北宋哲宗元祐八年，也就是公元1093年，由当地22户村民集资修建。从“农用”铭文推测，该井是作为灌溉之井使用。

图53　金庄宋井

同在程桥街道的还有一口孙大营古井，井栏上有“义井”“明成化二十年吉日孙氏造”的铭文。

吴楼双井位于龙袍街道孙赵村赵营自然村内，两

图54　吴楼双井

个古井栏四面八角凑在一起，青麻石质地，井内壁为砖砌，井水清澈，依然有附近居民来打水洗涤（图54）。

孙赵村由孙营和赵营组成，吴楼也叫吴家楼子，位于赵营村中。据当地村民介绍，这口古井当年便在吴楼财主家厨房内，后因太平天国战争房屋被毁，双井保留了下来。在双井附近还有一棵几百年的银杏树。

另外，笔者和同好在走访六合古井时发现，有的村庄有成组的古井群，比如马鞍街道的勤丰村和平山村。

浦口的古井

浦口位于长江北岸，得名于明洪武四年（1371）朱元璋下令建筑浦子口城。明初的浦子口城，方圆两公里，依山傍水而筑，共有五门：东门“沧波”，南门“清江”，西门“万峰”，北门“旸谷”，另有南便门“望京”。

洪武九年（1376），为扩大江北防卫，朱元璋又命析六合县建江浦县，直属应天府管辖，当时的县衙就在浦口城内今东门大街。明洪武二十四年（1391），迁县治于旷口山（即今江浦街道）。2002年，撤销南京市浦口区和江浦县，以原区、县行政区域成立南京市新的浦口区。

浦口现存的古井数量也不少，分布较广，其中比较有代表性的有左所大街六角井、东葛双井和惠济寺香泉井。

浦口左所大街位于东门外，曾经是江北最为繁华的大街，也是南京地区保存基本完整的一条明清历史街区。明初为了拱卫京师应天府，在浦口设置了前、后、左、中、右五个卫所，左所大街因靠近左所营地而得名。

左所大街北段有一六角井，原在左所大街124号院内，为金万富家五代祖传之井。井栏为青石质，六角形，井栏外侧六面雕有竹、菊、兰等图案，镌刻逼真，线条清晰（图55）。

图55　左所大街六角井

永宁镇东葛村为古东葛驿故地，位于老山以北苏皖交界地带。据《江浦埤乘》载，“东葛驿在治北三十五里”，和今日东葛村位置相符。如今，东葛也是一个交通要道，宁滁快速公路和京沪铁路穿村而过。

东葛驿站为明代永乐二年（1404）所建，距今已有600多年的历史。1982年东葛驿站遗址被发现，当时遗存双井一口和石板路数十米。在东葛村西关外还有一口古井，很可能和古驿站驿道有一定的关系。

如今驿站的石板路已无处可寻，但双井仍完好，附近村民继续使用井水洗涤。该井内壁为圆形，砖砌。井栏为麻石石质，一为八角形，一为圆形，井栏旁还有井台和水槽（图56）。

图56　东葛双井

沿东葛村道路往西，穿过铁路涵洞，在路边还有一口古井，当地百姓称之为西关外古井。该井井栏为石质圆鼓形，井栏内有数道绳痕，井内壁为砖砌，井水尚存，但井口已用铁丝封住，不再使用。

江浦汤泉镇旁有惠济寺遗址，该寺建于南朝，旧为汤泉禅院。宋代易名惠济院，宋元祐年间改院为寺，清咸丰年间毁于战火，现仅存遗址。

该遗址上有三棵1500年的银杏树，传说为南朝梁代昭明太子手植，原为四棵树，现存三棵，后人命名为“千年垂乳”“撑天覆地”“雷击复苏”。在“撑天覆地”树下有一口名为“香泉”的古井（图57）。关于该井还有一个传说：据说这井本名鸡鸣井，原因是每到清晨，此井中就传出鸡鸣声，附近农家的鸡闻

图57　惠济寺银杏树和香泉井

声后也就跟着叫鸣，于是全镇的鸡一起叫，汤泉小镇的一天就开始了。后来，因为朱元璋的关系，此鸡鸣井就被改名为香泉井了，这一改后，鸡鸣声也没有了。香泉井的名字沿用至今。

除了这几口有代表性的古井之外，浦口地区还有十余口古井，大多数不再使用。笔者在走访过程中发现浦口和六合一带流传了不少与项羽有关的地名和典故，比如瓢儿井和桥林胭脂井，虽然传说的成分居多，但也体现了这个地区悠久的历史。

江宁的古井

江宁之名因晋武帝“江外无事，宁静于此”而得。历史上南京地区曾多次以江宁为名，如清朝时的江宁府和江宁县，其治所都在南京市区。1934年江宁县和南京市分治，迁县治到东山镇，为今日江宁行政区域之滥觞。2000年，江宁撤县建区，成为南京近郊的一个区。

江宁现存古井较多，分布也十分广泛，其中最具代表和最有特色的是窦村水系及四方井、佘村井和陶吴响井。

窦村位于江宁区麒麟街道青龙山脚下，是明初朱元璋为营建南京城从全国各地召集的石匠聚居形成的一个村落。在村中心一广场上有一口四方井和三个长方形的水塘，就是窦村水系和四方井（图58）。

图58　窦村水系及四方井

四方井位于广场东南角，井口以青石围成，边长约1.5米，不设井栏，井水清澈。四方井西北面分布了三口青石垒砌的水塘，各个水塘之间有落差，由水沟相连。据村中老人介绍，以前井中之水用于饮用，三口塘中之水按照上下游分别用于淘米洗菜、洗衣服、洗便桶。

如今窦村正在拆迁中，窦村水系和四方井中之水也因村民的迁移而备受冷落。井中之水依然清澈，但塘中之水浑浊不堪，只有几位还没有搬迁的村民来挑水用于灌溉。

佘村位于青龙山下，隶属江宁东山街道，因其地理位置特殊且有明清古建筑群，享有“金陵古风第一村”之美誉。村中有潘氏宗祠和三个宅院组成的潘氏住宅，另外在潘氏宗祠西北200多米的巷子中，还有一口名为佘村井的老井。

佘村井有八边形青石井栏，高约0.6米，井内壁为砖砌，井水清澈（图59）。井栏外侧有两面桃形龛，一面刻有“井泉龙王之位”，一面刻有“右记大明年间系一源泉，至大清甲申年季冬中旬望日改置为井，便利本

图59　佘村井

方，永沾祯惠　信士佘守裕　同妻史氏　刊”。

陶吴是江宁区一大古镇，早在宋代便是商贾云集之地，近代也被列为江宁三大镇之一。在陶吴老粮站一隅，有一口名为响井的宋代古井。

据南宋《景定建康志》之《卷十九·山川志》中记录：“响井在江宁县陶吴镇西北二百余步，响井栏上存‘元祐五年’四字。或以纱帛蒙其上，以物击之，则作鼓声。或以瓦石投其中，则作钟磬声。今属陈主簿家园中。”

该井井栏为麻石石质，远观外形似罐。平沿、直口、短束颈、平肩、弧腹，上腹部两侧有对称的两个圆孔。井内壁为上下两部分，圆形。下部井口宽大，上部井口较小，上下部之间有一方形井垫石（图60）。

图60　陶吴响井

除了以上几口古井，江宁还有不少古井。不过，因为江宁开发建设较早，近些年有一些古井也因此搬离原地。比如原来位于上坊耿岗村的“耿岗井”因拆迁，古井被填埋，井栏被搬迁至东山镇一公园，文物价值降低。

溧水的古井

溧水故地本名濑渚，周景王四年（前541），吴筑固城于开化城之西，置濑渚邑，是南京地区春秋三城之一。濑水亦名陵水，又称水阳江。吴语“濑”“溧”音近，“溧水”即“濑水”之音讹。

溧水历史悠久，从隋开皇十一年（591）正式建县，到2013年撤县建区，历史上大多数时期为南京的郊县。期间于明朝弘治四年（1491），析西南七乡地置高淳县。溧水的古井现存数量较多，主要分布在乡村，县城内数量不多。曾经在溧水县城北门外有官井三眼井，在溧水县城城南也有四眼井，但早已无存。

如今在通济街和望京街交叉处有一假山水池景观，这里曾经发现过宋代钱币窖藏，后在窖藏所在地新建了三眼古井和井亭一座（图61）。

图61　三眼井窖藏遗址

溧水乡村中的古井以金井涌泉、和凤镇黄家村的黄家古井、永阳夏庄的夏庄古井、白马官塘的官塘为代表。另外，溧水东庐山是秦淮二源头之一，在源头景观之中还有一口“秦淮第一泉”井，系现代重建，文化意义较大。

溧水自唐代以来雅称为中山，因此清代时溧水八景也被称为“中山八景”。八景之中有一景为“金井涌泉”（金井又名分金井），是八景之中唯一以井为主体的景观。旧传记载，古井有泉眼十二处，按照十二时辰依次出水；或应地支十二方位，分金立向，故名。唐代大诗人李白曾到过溧水，还作下诗篇《分金井》：“白石分金井，丹砂布玉田。古今人易老，片月下长川。”

如今“金井涌泉”的景观早已物是人非。传说中七尺多井围的泉井早已无存，现在的分金井位于一虾塘旁，只有一口普通大小的水井，井栏用水泥修葺。外有一井亭，旁边有一块文保碑用于保护和标识（图62）。

图62　金井涌泉

黄家古井所在的村庄为黄家村，村中复建了一座黄氏宗祠，祠堂外墙画了黄忠、黄庭坚、岳飞母亲黄氏等黄姓人物的故事。黄家古井便在新建的祠堂墙边。

该井上有圆鼓形石质井栏，上刻有“大宋政和元年造”“江夏郡”“顺治捌年孟冬月重修”三列文字。从铭文可知该井建于北宋政和元年（1111），距今900多年。井内壁为砖砌，井栏内有多条由于常年打水而留下的绳痕。井内水质清洌，仍然被周围居民作为清洗之水使用（图63）。

图63　黄家古井

夏庄井所在的夏庄是个古老的村庄，古时属白鹿乡，现经区划调整后由原东庐乡并归永阳街道。南京叫庄的地名不多，但溧水有好几个，如夏庄、尹庄、曹庄等。

相传明洪武年间这口古井便已存在，长期作为村子饮用之水，大旱之年还作灌溉之用。井栏为麻石质，圆鼓形，井栏外侧依稀有“洪武”年号的铭文，漶漫不清（图64）。井内壁为砖砌，井水清冽。据当

图64　夏庄古井

地老百姓讲，该井之水来源于不远处的东庐山，也就是秦淮之源，现在也可以饮用。

夏庄除了这口古井之外，还现存一座被修葺一新的薛氏宗祠。夏庄的薛氏据说是元末明初迁至此地，繁衍生息。

官塘村古井位于溧水白马镇官塘村，该村是溧水最古老的村庄之一，村名因村口一座官府修建的大塘而得名。

官塘井位于官塘北岸村巷之中。井栏为麻石石质，圆鼓形，形制和夏庄古井类似。井内壁为砖砌，井水清冽，依旧为村民用作洗涤之水（图65）。

图65　官塘村古井

官塘村在白马到溧水的古驿道上，塘埂上还有一座“观音风雨亭”。

此外，笔者走访过程中还发现不少新建的作为景观的“古井”。除了三眼井窨藏之外，在已改造为旅游度假的凉棚下村，村口就有一口“古井”，在东庐山秦淮之源也有一口“古井”。

高淳的古井

高淳地处南京最南端，东临苏锡常，西接安徽，是“日出斗金、日落斗银”的江南鱼米之乡。高淳历史文化悠久，距今5000多年的薛城遗址是南京地区早期先民聚集生活的地方。春秋时期吴国在固城湖畔建立了濑渚邑，也就固城，这是南京地区最早的城邑之一。明弘治四年（1491），高淳从溧水析出建县，设县治于今淳溪镇，即古高淳镇。2013年高淳撤县建区，结束了500多年的县治历史。

高淳历史悠久，文化遗产和自然景观也十分丰富。除了以“保圣晨钟”为代表的“高淳八景”之外，古代还有“四方宝塔一字街，倒栽柏树白牡丹”高淳四宝之说，描写了高淳最负盛名的一塔一街一木一花之景，即保圣寺塔、一字街、寻真观古柏、玉泉寺白牡丹。如今保圣寺塔下有一口弘治义井，寻真观古柏树下也有一口丹井。除了这两口井之外，比较有代表性的有漆桥保平井和保安井、高淳老街井巷井和东坝古镇银墅井。

保圣寺塔位于县城东三里，塔为四面七层楼阁式，南宋绍兴四年（1134）建，通高31.5米，底有基座、副阶。

保圣寺塔塔园内为高淳各地石刻、碑刻收藏存放之所，在塔下院落东南有一口古井（图66）。该井井栏石质六面，其中一面损毁用碑刻修补，井栏内侧有12道绳痕，井栏外侧一面上有“義井”和“弘治三年闰九月吉日重□”的铭文。井内为砖砌，井水尚存。据高淳文物部门周苏梁老师介绍，该井原位于漆桥镇马家宕，2007年左右被作为景观安放于此。

图66　存放于保圣寺塔园内的弘治义井

古柏镇位于高淳中部，因寻真观“倒栽柏树”而得名。高淳寻真观始建于西晋，相传1700多年前东晋许逊许真君来此学道，将两株小柏连根拔起，倒掷于两口井中，不久小柏树根部竟长出绿叶。道长感悟道，“本方水土钟灵毓秀，日后必出真人”。于是妥加护理，日久便长成巨树。不幸的是1980年8月一场台风把该树吹到，后经扶正，但已无法复苏，现主干屹立于原址，神韵犹存。

古柏下有一丹井，传为许逊炼丹之丹井（图67）。清代有对联云：“寻真古柏传千载，许井甘泉遗万年。”该井井栏为麻石石质，六面形，内圆，底

图67　倒载柏树和丹井

部有六面井垫。井栏外侧有“丹井”井铭，另两面也有铭文，其中一面漶漫不清，一面有“见观内井枯”等文字，可能是记录重修丹井的文字。

高淳县城东北有古镇漆桥，这里聚居了南宋时期从山东曲阜南迁的孔氏后人。漆桥得名于元代所建的一座木结构的古桥，因刷丹漆而被称为漆桥，村落则以桥为名。现存的漆桥是1953年4月重建，为三拱石桥。

漆桥老街上有保平井和保安井两井，分布在古镇一南一北，寓意“平安”之意。保平井保存完好，另建一亭予以保护。井栏为圆鼓形，麻石石质，外侧有“大宋南迁阙里孔氏广源”铭文，内侧有绳痕数道（图68）。此处的“阙里”就是曲阜城内的阙里街，阙里孔氏则指孔氏家族。保安井在漆桥北面老街一百多米的街巷旁，井栏已无存，井口也封闭，现在修一石栏加以保护。

高淳老街位于南京市高淳区淳溪街道，又称淳溪老街，是南京市乃至江苏省内保存最完好的古街，有“金陵第一古街”之称。

井巷井位于高淳老街西侧，井巷5号民居北侧，又名“中街井”。相传清乾隆年间，高宗三下江南，曾

图68　漆桥保平井

图69　高淳老街的井巷井（中街井）

巡游至此，邑人特掘此井，以供御用，后人遂称之为井巷井。井圈青石质，高约60厘米，井内为砖砌。井栏上有“道光十四年希辙公公堂重淘”和“光绪元年希辙公公堂三月重淘”两处铭文（图69）。

东坝地处高淳东南部，东与桠溪为邻，南与安徽省郎溪县交界，西与固城镇毗连，北与漆桥镇接壤，胥河穿镇而过，是高淳东南部最重要的交通枢纽，极具战略地位。

在东坝胥河北岸原有一座东岳庙，主体建筑已毁，仅存最南边的酬神戏台，也称东岳庙戏楼、东坝戏台。戏台坐南朝北，在戏台东边墙角下有一口名为“银墅”的古井，井栏井盖都完整地保留下来（图70）。

东坝古称“银墅”，井以银墅为名。该井建于何时已不可考，现存井栏由巨大的青石凿穿打磨而

图70　东坝戏台的银墅井

成，高约70厘米，井栏外侧有铺兽一对和铭文一组，铭文中间有“银墅井”三个圆底阳文。银墅井右边刻有“民国五年七姓绅士重修，濮阳乾、汤宗桢监办，吴宇象、吴济舟、曹宜梁助理”，左边刻有“银林十里绕云岚，地涌名泉味蕴甘。八景宛然居第一，金瓶索绠此中探。曹辅宸题”。此八景为高淳八景，其中“银林十里绕云岚”就是八景之一的东坝晴岚。目前该井已经淤塞。

此外，高淳地区还有数十口古井。由于近些年城市化和新农村建设速度较快，古井遭受损毁和丢失的情况也有发生。如刻有“大清康熙六十一年”纪年的昇平泉井，原位于古柏镇竹墩头黄家村，笔者走访时井栏已经不知所踪。

附录 南京古井选录

1. 玄武区古井

序号	名称	地址
1	六朝砖井	碑亭巷25号旁
2	六朝都城遗址古井	南京图书馆一楼
3	钟山定林寺遗址古井	紫金山定林寺遗址
4	古白云泉井	紫金山头陀岭景区内
5	应潮井	紫金山东马腰盘山公路旁
6	明孝陵的井（4口）	明孝陵文武方门内外
7	明故宫井	原位于钟山宾馆附近，现存南京博物院
8	北极阁古井（古三皇庙井）	原位于保泰街，现存北极阁民间石器园
9	胭脂井	鸡鸣寺内
10	毗卢寺井（2口）	毗卢寺内
11	铜钩井	玄武湖梁州湖神庙前
12	总统府古井（8口）	总统府景区内
13	鸡鸣寺甘露井	鸡鸣寺山门外

2. 秦淮区古井

序号	名称	地址
14	古四眼井	汉西门大街31号旁
15	小百花巷1号井	小百花巷1号
16	玉兔泉井	夫子庙景区大成殿后
17	仓顶大井	集庆路149号旁
18	太庙井	南京航空航天大学内
19	醴泉井栏、醴泉碑	原位于观门口，现存于南京市博物馆、白马公园
20	明皇城水井	西华东巷511公园内
21	忠孝泉井	朝天宫冶山西麓
22	净觉寺古井	三山街净觉寺内
23	同乡共井2号井	同乡共井2号外
24	同乡共井11号井	同乡共井11号院内
25	小百花巷24号井	小百花巷24号外
26	六角井19-2号井	六角井19-2号外
27	三条营23号井	三条营23号
28	望鹤楼古井	望鹤楼4号
29	裱画廊双眼井	水游城广场上
30	秦状元府井	长乐路57、59、61号
31	江南贡院井（2口）	夫子庙江南贡院内
32	公坊巷井	公坊巷内
33	乌衣巷井	夫子庙乌衣巷景区内
34	英王府古井（2口）	升州路338至360号
35	李鸿章饮水井	南京晨光1865产业园内
36	金陵刻经处井	淮海路金陵刻经处内
37	高岗里9号井	高岗里9号外

（续表）

序号	名称	地址
38	曾公祠井	秦淮区九条巷
39	金沙井32号井	金沙井32号建筑内

3.建邺区古井

序号	名称	地址
40	胜棋楼古井	莫愁湖公园水院旁

4.鼓楼区古井

序号	名称	地址
41	还阳泉	清凉山公园清凉古寺后
42	紫竹林禅寺仙人井	南京市疾控中心内
43	颜鲁公祠太平井	乌龙潭公园内
44	幕府山采石井	幕府山公园内

5.浦口区古井

序号	名称	地址
45	桥林胭脂井	桥林街道西街古桧庵旁
46	黎营古井	永宁街道大埝社区
47	东葛双井	永宁镇东葛村6组
48	石桥镇深井	石桥镇双山村深井组
49	泰山庙古井	泰山街道泰西路泰山庙内
50	三元庵古井	顶山街道工会街
51	惠济寺香泉井	汤泉街道惠济寺内
52	瓢儿井	泰山街道泰冯路27号
53	孙家弄泉井	星甸街道后圩村孙家弄
54	左所大街六角井	东门左所大街124号院内

6. 栖霞区古井

序号	名称	地址
55	东阳街双井	龙潭镇东阳街道
56	一步二井	龙潭镇湾河后街
57	一步三井	龙潭镇湾河后街
58	珍珠泉井	栖霞山名胜风景区
59	受降井	栖霞寺明征君碑旁
60	孟北村古井	西岗街道孟北村中

7. 雨花台区古井

序号	名称	地址
61	古甘露井	雨花台风景区内
62	玉乳泉井	天隆寺旧址旁
63	二泉井	雨花台风景区内
64	一泉井	雨花台风景区内

8. 江宁区古井

序号	名称	地址
65	洞玄观炼丹井	秣陵街道方山南麓
66	陶吴响井	陶吴街道陶吴粮站内
67	阳山碑材古泉井	阳山碑材风景区内
68	前东村古井	湖熟街道前东村内
69	江左泉	天元东路6号
70	海慧寺石龙井	秣陵街道方山风景区内
71	花岩寺古井	秣陵街道祖堂山
72	窦村水系及四方井	麒麟街道窦村
73	佘村井	东山街道佘村社区

（续表）

序号	名称	地址
74	上街头村井	汤山街道东流社区
75	公塘村井	谷里街道公塘社区
76	李岗村103号井	汤山街道上峰社区
77	骆家边井	麒麟街道骆家边
78	桃园村天方地圆井	东山街道桃园村

9. 六合区古井

序号	名称	地址
79	瓜埠太平寺井	瓜埠镇保江村
80	灵岩山半山寺井	雄州街道灵岩山半山寺内
81	长芦寺梅花井（2口）	长芦街道长芦中学内
82	金庄宋井	程桥街道葛岗
83	双井王井	金牛湖街道孙洼水库西
84	程桥孙大营古井	程桥街道孙大营
85	双井黄双眼井	横梁街道方山村
86	孙营井	龙袍街道东沟镇孙赵村
87	吴家楼双眼井	龙袍街道东沟镇孙赵村
88	六合文庙古井	六合文庙泮池旁
89	北大街头道官井	雄州街道北大街
90	大官巷井	雄州街道大官巷内
91	养济院井	雄州街道棠城西路
92	马集老街井	马集镇老街南街37号
93	竹镇古井	竹镇老正街的支巷内
94	长山王组井	六合区马鞍街道平山村

10. 溧水区古井

序号	名称	地址
95	黄家古井	和凤镇黄家村
96	夏庄古井	永阳街道夏庄线
97	官塘村古井	白马镇官塘村
98	丰安寺古井	东屏街道丰安寺

11. 高淳区古井

序号	名称	地址
99	彰教寺井	古柏镇韩村东南
100	周和井	砖墙镇中和村孝子坊巷
101	汤村保王井	桠溪街道汤村
102	寻真观丹井	高淳开发区双高路
103	真武庙古井	游子山顶真武庙遗址
104	永庆庵古井	桠溪镇永庆村
105	漆桥镇保平井	漆桥镇漆桥旁
106	桠溪铜锣井	桠溪镇大山村
107	井口头村井	潮塘社区井头村
108	东坝镇银墅井	东坝镇老镇政府院内
109	中街井	高淳老街井巷

注：近年来，华古南京团队不断走访，已经在华夏古迹图文物古迹大数据平台标注了两百多处古井。团队成员安楠（网名小毛总）从两百多处精选出109处，整理如上，供读者参阅。

参考文献

1. 张浦生、霍华：《1995年南京明故宫出土文物研究》，《东南文化》1997年01期

2. 杨新华、卢海鸣：《南京明清建筑》，南京大学出版社，2001年

3. 杨新华：《金陵佛寺大观》，方志出版社，2003年

4. 王国俊：《南京独一无二的四眼古井》，《金陵晚报》，2005年04月22日

5. [清]甘熙：《白下琐言》，南京出版社，2007年

6. 杨新华：《南京明故宫》，南京出版社，2009年

7. 王鹏善：《钟山志》，南京出版社，2009年

8. 白雁：《南京鸡鸣山古铭文揭开十庙之谜》，现代快报，2009年09月14日

9. [明]葛寅亮：《金陵玄观志》，南京出版社，2011年

10.［明］葛寅亮：《金陵梵刹志》，南京出版社，2011年

11.［明］葛寅亮：《金陵玄观志》，南京出版社，2011年

12. 雍玉国：《南京地名大全》，南京出版社，2012年

13. 胡玉梅：《南京唯一四眼井建于清代　井内堆满垃圾待保护》，现代快报，2014年03月28日

14. 贺云翱、周桂龙：《南京江宁方山南坡洞玄观遗址》，《大众考古》，2014年第8期，P18–19

15.［民国］陈迺勋、杜福堃：《新京备乘》，南京出版社，2014年

16. 胡玉梅：《碑亭巷现六朝皇宫御井　为南京唯一原地保护的六朝古井》，现代快报，2016年3月9日

17.［明］礼部：《洪武京城图志》，南京出版社，2017年

18. 张然、刘静妍：《谁动了不可移动文物？南京六朝砖井突然不见了……》，现代快报全媒体，2019年05月28日

19. 南京民俗博物馆：《九十九间半　宅中古井道古韵》，2020年9月18日，http://www.gjdy.org.cn/news_show.asp?id=791

20. 薛冰：《金陵刻经处》，江苏凤凰美术出版社，2022年

后记

2001年出版的《南京明清建筑》一书，其中有一章节是“南京的井泉”，收录了南京部分古井资料。但因篇幅原因，并未对南京的古井进行全面梳理和资料收录。

2022年初，南京市社会科学联合会编撰“大观南京”科普丛书（第一辑），南京古都学会承担其中《南京的井》一书的编撰，由杨新华总体负责，邵世海和安楠同学负责编写和资料整理工作。本书从构思到编撰，其间疫情反反复复，进展一波三折。由于前期的资料不够充分，我们决定在编写过程中再次对南京的古井进行较全面的走访调查。2022年6月至12月，邵世海完成了此次调查，部分调查邵语桐跟随，实地走访南京市区及郊区一百多口古井。

整个调查和书籍编撰过程得到了南京古都学会和

华夏古迹图文物古迹大数据平台在学术和数据上的支持。在资料收集中，南京文史专家薛冰先生、金陵刻经处武延康老师、南京市宗教局原局长杨荣良先生、资深考古专家路侃老师和龚巨平老师、华古团队核心成员王腾老师都给予了大力的支持和协助。走访过程中，华古团队成员、文保志愿者饶进、安楠、孙军、胡建人等多位同好给予路线指引。在此深表谢忱！

《南京的井》是一本关于南京古井相关文化普及的书籍，由于编者水平和篇幅所限，书中缺陷和错误难以避免，真诚期盼广大读者不吝赐教！

另外，希望广大南京市民“按图索迹，守望古今”，共同关注和守护南京的古井及身边其他文化遗产。

南京古都学会

杨新华、邵世海

2023年2月